Inhalt

Personalnot an den Schulen - immer mehr Quereinsteiger treten ans Pult

Kernthesen

Beitrag

Fallbeispiele

Weiterführende Literatur

Impressum

GENIOS WirtschaftsWissen Nr. 07/2008 vom 07.07.2008

Personalnot an den Schulen - immer mehr Quereinsteiger treten ans Pult

R.Reuter

Kernthesen

- Die deutschen Schulen leiden unter Lehrermangel, die Zahl ausgefallener Unterrichtsstunden nimmt zu.
- Die Situation wird sich infolge überalterter Lehrerkollegien weiter verschärfen.
- Die Schulen versuchen immer häufiger, sich selbst zu helfen, etwa durch die Rekrutierung von Hilfslehrern oder durch die Beschäftigung von Lehrern aus Osteuropa.

Beitrag

Der Lehrermangel an deutschen Schulen ist ein wiederkehrendes Übel, über die Gründe wird gestritten. Bildungsexperten bemängeln, dass es an einer weitsichtigen Personalplanung im Bildungsbereich fehle. Gleichzeitig sitzen viele Pädagogen auf der Straße oder hangeln sich von Zeitvertrag zu Zeitvertrag.

Lehrer verzweifelt gesucht

An deutschen Schulen herrscht Lehrernotstand, und die Situation wird sich weiter verschärfen: 2015 geht etwa die Hälfte der rund 800 000 deutschen Lehrer in Pension, was einen Mangel von weiteren 70 000 Pädagogen nach sich ziehen wird. Allein in Hamburg werden in den nächsten drei Jahren 40 Prozent des Lehrerkollegiums aus dem Dienst ausscheiden. Eine Entschärfung des Problems ist erst ab 2020 zu erwarten, wenn die Schülerzahlen aus demographischen Gründen zu sinken beginnen. Überraschend kommt der heutige Lehrermangel indessen nicht: Bildungsforscher und auch die Kultusministerkonferenz sind sich des Problems schon lange bewusst, eine Lösung aber steht aus.

Für die schulische Ausbildung bleibt der Lehrermangel nicht ohne Folgen: Schüler klagen über ständige Lehrerwechsel, Eltern beschweren sich über ausgefallene Stunden und die Schulleiter suchen händeringend nach geeigneten Bewerbern. (1), (2)

Schwemme und Mangel wechseln sich ab

Zu den Gründen für den Lehrermangel zählt eine wenig vorausschauende Personalpolitik. So werden Studienanfänger in Zeiten von Lehrerschwemmen vor dem Lehramtsstudium gewarnt, was in schöner Regelmäßigkeit irgendwann zum Lehrermangel führt. Überangebot und das Fehlen von Lehrern wechseln sich daher schon seit Jahren immer wieder ab. Zurzeit sind in den Schulen viele Stellen offen, können aber wegen fehlender Examensabsolventen nicht besetzt werden. (2)

Systematische Personalplanung steht noch aus

Lehrergewerkschaften fordern daher schon seit

langem einen bundesweiten Entwicklungsplan. Bisher hätten die Landesregierungen Lehrer nur orientiert an der jeweils herrschenden Lage eingestellt, so lautet der Vorwurf, während eine nachhaltige Personalplanung fehle. Die Folgen sind nicht zu besetzende Stellen und vielerorts auch ein überaltertes Lehrerkollegium. Der Essener Bildungsforscher Klaus Klemm bezeichnet die bisherige Vorgehensweise am Lehrerarbeitsmarkt als "Chaos statt systematischer Planung". Als abschreckendes Beispiel nennt er die Niederlande, an die sich Deutschland immer stärker annähere: Dort sei es schon so weit, dass sich die Schulen Lehrer gegenseitig ausspannen - häufig durch die Zahlung höherer Gehälter. Erste Trends in diese Richtung sind auch hierzulande zu beobachten. (1)

Versäumnisse der Politik

Als ein weiterer Grund für den Missstand gilt die Bildungspolitik. Kritiker beklagen "eine zentralistische Bildungspolitik, die sich am nächsten Wahltermin orientiert und zu einer langfristigen Planung nicht in der Lage ist." Auch die Verantwortlichen selbst erkennen heute, dass die Situation von heute auf Versäumnisse der Vergangenheit zurück zu führen ist: "Statt in den achtziger und neunziger Jahren bestqualifizierte Naturwissenschaftler über Bedarf einzustellen, ließ man sie reihenweise in die Wirtschaft ziehen." (2), (3)

Mangel und Arbeitslosigkeit gleichzeitig

Geradezu paradox mutet der Umstand an, dass trotz unbesetzter Stellen viele Lehrer arbeitslos sind. Abhängig von der Region, Fächern und Schularten muss sich ein Teil der Pädagogen in die langen Schlangen des Arbeitsamtes einreihen. Bildungsexperten kritisieren, dass die Schulen immer stärker auf Quereinsteiger setzen, statt examinierte Lehrer auf Mangelfächer umzuschulen. Weil Aushilfslehrer meist mit weniger Gehalt zufrieden sind als ausgebildete Pädagogen, setzt sich diese Praxis immer mehr durch. Manche Experten machen sich infolge dieser Entwicklung bereits Sorgen um die Qualität des Schulunterrichts. (1)

Neue Studiengänge könnten die Situation weiter erschweren

Die an immer mehr Hochschulen eingeführten Bachelor- und Master-Studiengänge könnten ein Übriges tun, den prinzipiell bestehenden Lehrermangel weiter zu verschärfen. Gerade Bachelors, die eigentlich Lehrer hatten werden wollen, haben es nun leichter, frühzeitig in die Wirtschaft abzuwandern. Hiermit ist auch daher zu rechnen, weil gerade Lehramtsstudenten mit den Studienbedingungen häufig besonders unzufrieden sind. (1)

Ein Umdenken ist gefordert

Um der Misere an den Schulen Herr zu werden, fordern Experten ein Umdenken. So sei es sinnvoll, den Schulen zukünftig mehr Autonomie über ihre Personalplanung einzuräumen. Bisher, so wird argumentiert, seien den Schulen immer neue Aufgaben zugewiesen worden, jetzt sei es an der Zeit, ihnen auch mehr Befugnisse zu geben. Erwartet wird, dass der Lehrerberuf durch die selbständige Personalauswahl der Schulen aufgewertet würde. Bayern ist der Empfehlung bereits gefolgt und hat im Mai alle Direktoren angewiesen, sich selbst um Lehrernachschub für das nächste Schuljahr zu kümmern. Ob dies der Situation abhilft, ist allerdings fraglich, weil sich geeignete Bewerber häufig einfach nicht finden lassen. In den Fächern Mathematik, Biologie, Physik, Chemie und Latein ist der Markt vielerorts wie leergefegt. (2), (3)

Fallbeispiele

Diplomierte werden Lehrer

Um den Fachlehrermangel zu bewältigen, wirbt die Paul-Ehrlich-Schule in Höchst immer häufiger Diplom-Biologen und -Chemiker an, die nach zwei Jahren Vorbereitung in eine Beamtenstelle übernommen werden. Sorgen macht dem Schulleiter indessen der allgemeinbildende Bereich: "Hier bewirbt sich niemand." (8)

Abwerbekampagne in Hessen

Das Bundesland Hessen hat in diesen Tagen eine bundesweite Kampagne gestartet, mit der es 2 600 zusätzliche Lehrer zu finden versucht. Mit der rheinland-pfälzischen Landesregierung in Mainz ist es darüber zu einer Verstimmung gekommen, denn auch dort sind die Lehrer knapp. Das Mainzer Bildungsministerium wirft dem Nachbarland vor, durch die Abwerbekampagne eigene bildungspolitische Versäumnisse auf Kosten anderer Bundesländer beheben zu wollen. Das Angebot ist insbesondere für Hauptschullehrer attraktiv, da Hessen eine höhere Besoldungsstufe anbietet. (4)

In den Ferien arbeitslos

Die an vielen Schulen beschäftigten Aushilfslehrer müssen damit rechnen, vor den Ferien entlassen zu werden. Der Grund dafür sind befristete Arbeitsverträge, mit denen die Schulen bei der Beschäftigung von Hilfspersonal Geld sparen. Jedes Jahr werden zwischen Juli und August auffallend viele Lehrer in den Ländern entlassen - nach den Sommerferien steigen die Beschäftigtenzahlen wieder an. Für die Pädagogen hat diese Praxis zur Folge, dass sie ihren Kollegen schöne Sommerferien wünschen dürfen, während sie selbst den Gang zum Arbeitsamt antreten müssen. Dies wiederholt sich in manchen Regionen jedes Jahr: Die Lehrer werden vor den Ferien entlassen und nach den Ferien wieder eingestellt. Während der freien Zeit gelten sie als arbeitslos und müssen dem Arbeitsamt zur

Verfügung stehen. Es wird geschätzt, dass etwa 5 000 Lehrer in Deutschland von dieser Befristungspraxis betroffen sind. (5)

Ausfälle an saarländischen Berufsschulen

Im Saarland hat die krisenhafte Entwicklung am Lehrerarbeitsmarkt zu einer besonders schwierigen Situation geführt. So wurde kürzlich ein "skandalöser Unterrichtsausfall" an den Berufsschulen festgestellt. Politiker monierten, dass eine umfassende Ausbildung der Schüler oftmals kaum noch möglich sei: In jeder Schulwoche fallen im Saarland derzeit rund 1 800 Schulstunden aus, der Grund sind fehlende Lehrer. Als geradezu absurd erscheint demgegenüber, dass sich an den saarländischen Berufsschulen in den letzten zehn Jahren stets mehr Pädagogen beworben haben, als eingestellt wurden. (6)

Weiterführende Literatur

(1) Die Leere am Pult
aus Süddeutsche Zeitung, 09.06.2008, Ausgabe Deutschland, Bayern, München, S. 16

(2) Leitartikel Hausgemachte Misere Martin Müller-Bialon
aus Frankfurter Rundschau v. 18.06.2008, S.4,
Ausgabe: R Region

(3) Improvisieren auf der Baustelle
aus Süddeutsche Zeitung, 26.06.2008, Ausgabe München, Bayern, S. 49

(4) Ärger über "Abwerbekampagne"
aus Saarbrücker Zeitung vom 25.06.2008

(5) "Lehrer erhalten Ausbeutungsverträge" Länder entlassen zu Beginn der Sommerferien Tausende Hilfs-Pädagogen - Bundesagentur prangert Missstand an
aus DIE WELT, 21.06.2008, Nr. 144, S. 2

(6) FDP sieht "Skandal" an Berufsschulen
aus Saarbrücker Zeitung vom 07.06.2008

(7) Lehrermangel: Hilfe aus Polen
aus Rheinische Post Nr. 135 vom 12.06.2008

(8) Wo sind all' die Lehrer hin Schulen können offene Stellen nicht besetzen
aus Frankfurter Rundschau v. 18.06.2008, S.1,
Ausgabe: S Stadt

Impressum

Personalnot an den Schulen - immer mehr Quereinsteiger treten ans Pult

Bibliografische Information der deutschen Nationalbibliothek

Die Deutsche Nationalbibliothek verzeichnet diese Publikation in der deutschen Nationalbibliografie; detaillierte bibliografische Daten sind im Internet über http://dnb.d-nb.de abrufbar.

ISBN: 978-3-7379-0929-7

© 2015 GBI-Genios Deutsche Wirtschaftsdatenbank GmbH, Freischützstraße 96, 81927 München, www.genios.de

Alle Rechte vorbehalten. Dieses Werk ist einschließlich aller seiner Teile – z.B. Texte, Tabellen und Grafiken - urheberrechtlich geschützt. Jede Verwertung außerhalb der Grenzen des Urheberrechtsgesetzes bedarf der vorherigen Zustimmung des Verlags. Dies gilt insbesondere auch für auszugsweise Nachdrucke, fotomechanische

Vervielfältigungen (Fotokopie/Mikroskopie), Übersetzungen, Auswertungen durch Datenbanken oder ähnliche Einrichtungen und die Einspeicherung und Verarbeitung in elektronischen Systemen.